AF281072

Nun sitz ich hier am Flügelhain

Gedichte

Andreas B. Arnold

Illustration

Anja Susan Jung

Widmung

Für meine liebe Familie

Seit es Sprache gibt, werden Reime aus ähnlich
klingenden Endsilben gebildet. Reime, die
bedeutungsvolle Worte und Sätze binden; Reime,
die ob ihrer Schönheit erfreuen und Reime, die
Kernaussagen in Merksätze umwandeln und dadurch
Wissen von Generation zu Generation weitertragen.

Vom einfachen Endreim bis zur völligen
Reimlosigkeit haben sich Gedichte über
Jahrtausende erhalten und dabei, entsprechend
den Moden ihrer Zeit, ihr Kleid verändert.

Mögen manche auch meinen, Lyrik zu schreiben,
sei der verzweifelte Versuch eines Dichtwütigen,
Worte zu finden und zu erfinden, um diese in
einen Miniaturrahmen pressen zu können; so
würde man diesen entgegnen, dass jedes Gedicht,
und sei es noch so unscheinbar, hinter einer
deutlichen, immer auch eine versteckte Aussage
treffen will, die ausnahmslos persönlich ist.

Gelungene Gedichte sind Extrakte besonderer
Augenblicke im Leben eines Menschen. Diese
zu formulieren und aufzuzeichnen bedarf
einer intensiven, gedanklichen Konzentration
auf das Formelle; selbst wenn es scheinbar
zusammenhanglos geschrieben ist.

Im besten Falle hält die Form das, was sie
verspricht und ermöglicht durch ihre Stabilität einen
Abguss herzustellen, der Gefühle in tiefster Seele
entdeckt und diese in einer lyrischen Sternstunde
konserviert. Dieses Machwerk bringt beim
Erzeuger und beim Leser etwas in Schwingung,
das man vielleicht als Anrühren bezeichnen darf.

Die Gedichte von Andreas B. Arnold stehen ganz in
der Tradition dieser Gedanken. Der Dichter selbst
sieht sich als hoffnungslosen Romantiker und versucht
„das Wunderbare" dieser Zeitepoche in die Neuzeit zu
retten. Ebenso hat der Autor moderne Stilelemente
integriert, wenn diese ihm notwendig erschienen, um
Aussagen zu verfestigen oder
Strukturen aufzubrechen.

Der vorliegende Gedichtband enthält Dichtungen aus
einem Zeitraum von über 20 Jahren. Diese sind zyklisch
geordnet und beschreiben einen Lebenskreis, in dem
am Anfang die Kunst, dazwischen Liebe und am Ende
die Beschäftigung mit dem Tod steht.

Kunst

Nichts könnende Kunst

Wozu die Kunst, mein brav Bemüh'n
Wenn doch hernach das Schale bleibt.

Auf dass ich meine Lieder singe
und taumelnd lustig Töne schwinge.
Geht mir mein Leid
ja doch nicht fort.
Es bleibt.

Was schmerzt? Im Herz?

Die Sehnsucht nach ...
gar allerlei.

Das sei?
Verrat's – du willst doch Dichter sein?

Na gut, ich tu's.
Sie ist's - die holde Muse.
Ihr warmer, weichbemooster Schoß -
mir reichte auch ihr Lächeln bloß
treibt Güte mir in mein Gebein,
vertreibt dabei die Finsternis
und lädt mit Blicken ein –
zu wandern.

Wohin?

Dort wo der ew'ge Nebel ist,
und Wälder zum Sprechen gewillt,
das Land so ganz und gar verzaubert,
und Wahrheit gleich der Lüge gilt.

So doch - es sei!
Die Kunst!
Sie kann gar allerlei.

Woraus die Kunst besteht

Des Alltags Rauhheit
frisst
des Künstlers
Fantasie.
Aus dem Brot
der Leiden
picken
Gottes Vöglein
Krumen
der Kunst.

Wut über die eigene Faulheit

Ja!
Wut erpackt mich dummen Kerl!
Ja!
Wird's noch was mit Schreiben?
Da zog ich diesen Sommer hin
Und hieß in Sommer bleiben.
Ich ließ ihn lang und länger sein,
verschlief dabei den Herbst.
Und wachte erst im Winter auf.
Erfroren fast –
und jetzt?

Ein Glühen
reißt die Ohren auf
Schmerzt,
packt mich fest -
Entkommen?
Vor einem frost'gen Teufel selbst?
Das gibt es nicht!
Gewonnen!

Es ist passiert –
ich schreibe schon
Und welch' Poem
in welchem Ton.
Die Hände zittern zwar im Takt
Doch schwarz wird jetzt,
was einmal nackt.

Das Pflaster auf die Stell' geklebt
Wo eine alte Wunde schwärt.
Ich könnt!
Was könnt ich dauernd nur?
Ja, schlafen!
Schlaf Genie ernährt.

Muss stark und fest die Wut ausschlafen,
die mir angehängt
So richtig
ausschlafen!
Dass meine Faulheit
mich nicht überanstrengt!

Frühling

Frühling, Frühling

Frühling, Frühling!
Voller Beben
schwingst du mich durch deine Düfte!
Himmel, Wolken, Meer der Blüten,
Fröhlichkeit
Bewegt die Lüfte!
Voller Kraft die zarten Blätter
Alles wächst und reckt sich wild
Jetzt ist Lust
da,
jetzt ist Wollen
Neue Welt dich zu erobern!
Alles tun,
was mir gefällt!

Frühlingsliebe

Blüten schweben weihevoll von oben,
decken Erd' und Wege ein.
Kirschen, Birnen, Äpfel sogen
Frühling, deine Liebe ein.
Und verströmen nun die Düfte,
die du ihnen gabst mit kühlerm Kuss.
Dieser Tage Sonnengruß bewegt die Lüfte,
die sich formen zum Willkommensgruß.

Wie ist's nur möglich,
dass du, Winter, ausgelechzt?
Dass unglaubliches neues Werden sich auf tote
Erde setzt?
Und man riecht und hört und sieht
an allen Orten ew'ger Freuden Hall,
wie stürmend er so grüne weht.
Ach, lieblich wie der Vögel Schall.

Und hofft auf unvergänglich-
malerisches Lebensglück,
den uns der Warme überschwänglich-
schwörend durch die Sphären schickt.

Und weil er nie je hat enttäuscht,
folgt man seinem Jubelschrei'n,
taucht hinein,
saugt gierig ein.
Will gar selbst -
In ihm -
will selbst –
ein Frühling –
ewig sein!

Frühlingstraum

Reißende Krähen hacken an den Augen
bis sie aus sind,
bis sie schwarz sind.

Sie hüllen Dunkelheit
wie einen Mantel über diesen Spiegel,
der ach so viel gesehen hat
und doch nicht springen wollte.

Geplatzt
erscheint nun jenes Sehnen
nach all` der wehen, frommen Zeit.

Gefroren
nun zu Eis das Nass,
das einst als schwellend Strudel überfloss.

Geschlagen
nun der Rücken
über den sich reinstes Quellenwasser frisch ergoss
um eitel sich zu laben
an der Perlen Reinheit.

Es war die Zeit,
die stolze Zeit die mich umgab
und jeder Lufthauch ward Essenz
des himmlisch, unschuldigen, jugendhaften Trunks,
den ich gestürzt
gleich ob
mein Leben daran hängte,
gleich ob
ich wilder tänzelnd könnt` vergessen.

So war es doch nur -
Traum
und sollte -
Leben sein.

Reißende Krähen hacken an den Augen
bis sie aus sind,
bis sie schwarz sind.

Gewitterreinigung

Stolz brach bei Nacht der Donner ein,
der schaffte pressend Platz.
Und wühlte grausich durch die Stadt –
und räumte Menschenkörper ab,
dass diese in den Stuben hockten
und vor dem Grummeln zammezuckten.

Dann kam der Blitz – der Sonne gleich –
Erleuchtet, wo es finster ward.
Und währte jenen Augenblick
mit seinen heißen, groben Pranken,
die in die Erdenhäuser schlugen,
um Holz im Feuer zu verbrennen,
und Stromes Kabeln anzusengen.

So nahm er's Lichterhell und mehr
den Reichen wie den Armen ab,
und manche mussten frieren -
so kahl und grausig war die Nacht,
die mehreren den Schlaf verdrieß,
und doch –
aus dieser Hoffnungslosigkeit verließ
ein Wunderbares mein verbittert Herz,
im März,
da Winter's Kraft erschöpft
sich niederlegte.

Es war wohl Tollerei,
die mir der junge Frühling wiederschenkte,
ja, Frühling,
der dies listig Liedchen in den Kopfe lenkte:

Einmal etwas Besond'res werden,
nicht Alltag sein, nicht tote Nummer.
Einmal am andern Leben zehren,
ein heißer Kanditat der ersten Wahl zu sein.
Und nichts dabei bereu'n.
Egal wie falsch es sei.
Was ist dabei?
Zerstörung bringt das Neue.
Und sei es nur ein Traum.
Das nenn' ich frei!

Freundschaft

Gérard Souzay

Schwimmen Schwäne
über schwarze Wasser,
holen Fischer
ihre Netze wieder ein.
Gehen Menschen
schnell aus dunklen Gassen,
leert sich der Platz
wo ich
allein
ein Weilchen ruhen möchte –
jetzt -
wo endlich
alles dunkel wird.

Starrend
denk' ich noch einmal an ferne Bilder,
die mich rühren
mehr als ich sie einst gelebt.
Träum'
dass ich durch Gärten wandle,
die schon längst verblüht.
Träum'
dass ich in Zimmern stehe,
die schon längst zerfallen.
Träum'
dass ich mit Toten spreche,
die schon längst verwest.
Und träum'...

Kein Freund
kann mir mein Leben leben,
kein Feind
mein Quälen Abbild sein.
Was ich jetzt bin,
was immer ich gewollt
in meinem Leben
und nicht
bekommen durfte:
Jetzt bin ich's –
ich,
nur ich –
allein.

Allein ein Dutzend Herzschlag
harscht mich weiterdrängen.
Wär' er doch still!
Könnt' ich doch endlich
hängen ab
die paar Leibesfetzen
ab – ins Grab.

Wo keine Schwäne
über's Wasser schwimmen mehr
dort holen
keine Fischer Netze ein.
Dort ist es
menschenleer,
verlassen.
Dort bin ich nicht
und nicht zuhaus
und nicht...

Und keine Träne
würd' ich mehr vergießen
auf mein verlebtes,
unerfülltes Leben
das scheinbar
sinnlos mich gegeiselt hat.

Egal wie sehr ich suchte,
nirgends fand ich mich.
Wer bin ich?
Wer war ich gewesen?
Dies Fragen
glüht mein Lämpchen
auf mit hellem Licht.
Und will gar brennen,
will brennen,
verbrennen
alle Welt!

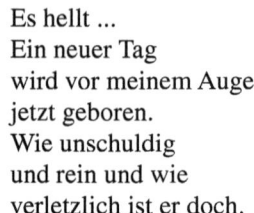

Es hellt ...
Ein neuer Tag
wird vor meinem Auge
jetzt geboren.
Wie unschuldig
und rein und wie
verletzlich ist er doch.

Und wie weh
tut mir sein Gähnen.
Und wie weh
tun mir alle Glieder.
Und fühl' mich
steif und müd'
und - geh ...
und nimm'
dies Kindchen doch
an meine Brust,
Und will
besonders zärtlich
mit erfüllter Lebenslust
sein zartes Leibchen schützen
vor dem kalten,
kalten
Reif.

Thomas Quasthoff

Da geht und steht ein kleiner Mann.
Die Welt starrt ihn als Winzling an.

Doch niemand ahnt,
ich sag's gewiss,
dass jener auch ein Riese ist.

Aus bittrer Einsamkeit befreit,
bewegt die Welt er
durch sein überwunden Leid.

So sehen viele nur,
was Augen sehen.
Doch was er ist und singt,
rührt ewig schön.

Es strömt aus seinem Herzen voll
Ein helles Dur,
ein dunkles Moll,
ein leichtgeschürztes Freudenlied,
ein schweres, tränumflossnes Sinken
hinab in Tiefen des Empfinden,
wo Menschliches
dem Bruderherz
die Hände reicht
zum Bruderschmerz,
damit
für einen Augenblick –

der Weltlauf steht,
die Blume blüht,
die blaue,
die die Menschheit eint.
So dass das Herz gleich -
lacht und weint.
Und nichts mehr weiß
als einiglich
und frei zu sein.

Da geht und steht ein kleiner Mann.
Die Welt starrt ihn als Winzling an.

Mein Berg

Großer Berg!
Ich denk' an Dich!
Wie du beschwörend
mir
den Gipfel reichst
und lauernd
deine Tücke
meinen Willen greift;

erzwingend,
doch berauschend
hell in Farben
atme
ich
dein abendliches Leuchten ein

bis schwarz,
bis Schmerz
zum Trauersein
mich
stocken lässt.

Mächtiger Berg!
Pulsierend,
stark,
gewaltig!

Ich denk' an dich!
Noch
wenn ich abwärts gehe,
verlasse ich
doch
niemals
deinen starken Rücken.

Feiern

Was hör ich da? Was hör ich da?
Gutgelaunte Leute!
Was seh ich da? Was seh ich da?
Die allerbesten Freunde!
Feiert ihr ein Fest mit allen Freuden?
Will ich glücklich sein und nichts bereuen.
Wollt ihr sorglos sein, ihr Kameraden?
Müsst auf Straßen ihr ein Tänzchen wagen,

la lalala lah – la lalala lah
Lasst uns zusammen das Leben feiern,
lasst uns zusammen den Schatz ergreifen.
Willst du heut miefig sein? Dann bleib daheim!
Wir wollen lustig sein – nimmer allein.

Wer schaut mich an? Wer schaut mich an?
Zwei traurige Gesichter.
Jetzt lacht doch mal! Ja, lacht doch mal!
Dann wird die Aussicht lichter.

Jeden Tag habt ihr die Wahl
Heut ist mir die Welt egal.
Diesen Tag will ich mich freuen.
Und den Jubel mit euch teilen.

Keine Zeit der Welt darf uns belehren.
Sollen alle sich zum Teufel scheren!

Nachts

Lichter

Dort unten
liegt eine Stadt
Da wohnen
Menschen,
die schlafen
wie Sterne,
die ihren Platz am Himmel gefunden haben
als die Sonne unterging.

In diese Stadt
müssen wir reisen,
Auch wenn
andere Sterne am Himmel
unserer Stadt kreisen
um heller zu sein
als die Nacht,
müssen wir schlafen
und vergessen dass wir leuchten.

Nachtwache

Grelles Leuchten macht die Nacht zum Tag,
Lautes Ticken geht im Dauerlauf.
Müdigkeit ersehnet sich den Schlaf,
Im Westen geht derweil die Sonne auf.

Die lange Zeit wurde im Schneckengang bewegt,
verrät noch's Zucken eines Lids die lahme Tour.
Ein nicht alleinstehendes Gähnen fegt hinweg
- die miese Laune der Natur.

Was soll ich hier, was will ich dort?
Philosophikles steht auf dem Programm.
Ein platt gesess'nes Hinterteil erkennt den Ort,
an welchem wohl entstand der neue Sang.

Von Helden , Göttern, umunddumm,
wird da in Worten heilig hergedichtet.
Fleißig gelesen und betrachtet rundherum
Was schmale Geister niederschrieben und gerichtet.

Und ewig bleibt, was niemand ändert,
das haben schon die Besten unter uns kapiert.
Der Siegestanz im Bette endet,
und durch das Winden alle Kissen malträtiert.

Bei Tag ist Nacht, bei Nacht ist Tag.
Die Weisheit kommt dem Nächtger schnell.
Wer öfter tagsüber schlaftrunken niederlag,
für den ist das Normale nicht mehr aktuell.

Was machen nur die Leute wohl den ganzen Tag?
Und schlafen auch die ganze Nacht?
Dies Fragen hat noch keinen Schläfer
Und weder noch den Nächtger weiter bracht.

Es ist wie's ist und sei's auch drum.
Für den, der anders muss - ach wahr.
Denn Schlafen möchte Klug und Dumm.
Und wachen auch – das ist ja klar.

Selbstbeschäftigung

Leises Surren – Knacken – Krachen
Nacht!
Bruder Schlaf besucht mich nicht -
bin wach,
zwing ein Gedicht
mich aufzuwärmen,
mir aufzuzeigen,
wie schön die Welt,
wie brüderlich,
wie gütig
mir das Schicksal ist.

Noch öffnen sich die Wege
wie verschlossene Rosenknospen auf.
Denn blühend
wollen sie gepflücket sein.
Nur ich?
Ich weiß es nicht.

Wie oft erscheint in Wüstenei
der Schein?
Der Schein, der vorgibt,
alles sein zu können
und hernach doch
zu bitterlich enttäuscht.

Bereut hab' ich nichts.
Auch wenn ich oft
geschlagen ward,
danach noch
eins und zwei dazu.
Fand ich doch immer einen Rat
der durchgekämpft
zur Ruh
mich hingeführt
wie auf die Alp die Kuh,
die tut ein:
Muuuuh
und
findet Ruh
in guter,
stiller Nacht!

Des Nachts

Des Nachts sie wieder gekommen,
in galoppierter List.
Die schleichenden, stillen Schmachen
In ihren düstren Nachen.
Die an mir kleben fest
wie Beute
in der Spinne schleimgen Fäden.
Und auch durch
Waschen, Zerren, Drehen,
Begießen, Rubbeln
nicht vergehen.

Doch diesmal hab' ich mir' s vorgenommen,
wohl besonnen,
inklusive aller sieben Wonnen,
unverrückt:
nie wieder
geb' ich etwas auf.
Nie wieder
so zu leiden!

Dann schon Verzicht auf alle ird'schen Freuden.
Verzicht
auf Liebestrank und Freundschaft,
Trubelei, Zerstreutheit,
Allgemeinertum.
Und was nicht sonst noch alles
meinen Schmerz verteilt.
Damit die Wunde,
die viel tiefer ist
als menschliche
Bequemlichkeit
verheilt?!

Des Nachts sie wieder gekommen,
in galoppierter List,
durch Denken, Schreiben, Philosophieren
das was gekommen –
gottseidank –
wohl auch
gegangen ist.

Wenn die Nacht

Wenn
die Nacht
noch
dunkler wird
konnt' ich
keine Weiten sehen
konnt' nicht
das Geschrei
der Kinder
hören,
fühlt' mich
vom Licht
verlassen.
Künstlich
schaffte ich
mir Helle,
wo das
Schwarze Reich
umschlang
altvertraute Gassen
Häuser,
deren Fenster
manchenteils
erleuchtet
mit erstohlenem Feuer
hinter Fensterglas
wo
jenes Fenster
mir von
außen
drinnen
Heimat zeigte,
entfremdet mich,
dass ich
als ungebetner
Gast
ausgezogen
zur seel'gen Feier
bin,
die sich

vor des täglich Todes
bittren Ende
fürchtet,
angekündigt
gleich überrascht
und doch
vollzieht.
Als Zeuge
wie das
Leben
endet
als
Todgeweihter
letzten Atem
hascht.

Sommer

Sonnenstrahlen

Sonnenstrahlen
machen unsere Welt
nicht reicher,
aber heller.

Wenn wir sie anblicken,
beschleicht uns
für einen kurzen Augenblick
das Gefühl
der Ewigkeit
in unserem endlichen
Irden-Dasein
und wir fühlen
uns leben
hinter dem Leben.

So sind wir
gleichzeitig Beobachter und Objekt
unserer Betrachtung,
wie wir auch
ineinander verschmelzen zu Einem,
das sich selbst sieht,
während es Sehende
um sich herum wahrnimmt.

Die Welt
ist voller winzig kleiner Sonnenstrahlen,
die die Sonne erhellt.

Erkennen wir sie,
berührt uns für diesen Augenblick
die Ewigkeit
und wir fühlen es
leben hinter dem Leben.

So sehen wir
und werden gesehen,
während wir uns freuen
und weinen,
dass wir
noch immer sehen können.

Es ist schön, zu leben.
Schön und einzigartig.
Einzigartig und bedeutend.
Es ist und ich bin und wir sind –
wahrhaftiges Jetzt.

Sommersterben

Wie dunkler Wind
so rauschten weh die Lüfte
am Abend
als der Sommer starb.

Die Klauen
rissen tiefe Klüfte
in Brust
und bohrten sich ins Herz hinab.

Dort fanden
sie im Fleische pochend
den Klumpen Blut
der zitternd -
letzte Aufbegehr,
ein allerletztes Schlagen –
flieht,
bevor der Wolf
die Beute wittert.

Geschlagen
wird der Sommer – bloß
gerissen und zerfetzt

Er lag bereits
so tot in meinem Schoß –
als damals
er noch jung und rein –
geboren ward –
von allem
unverletzt.

Wie dunkler Wind
so rauschten weh die Lüfte
am Abend
als der Sommer kam.

Rosenflieh'n

Von manchem frei
was mich bedrückte,
so ging ich für mich hin.
Der Abend war nicht mehr als gestern,
das Gehen gab mir Sinn.

Als da am Wegesrand
so stolz
in moss'nem, tropf'nem, feuchtem Grün
zwei rosarote Rosen
blüh'n.

Da wollt' ich doch das edle Holz
noch einmal vor dem Herbsteln
pflücken.

Ging hin –
zur Schönsten –
beugte mich.
Roch –
ob der Liebreiz rein Entzücken?

Doch schaudert mich sogleich ein Beben
als schaler, flacher Duft
vertrieben von zu kühler Luft
mir nahm mein jungfräuliches Streben,
statt dessen führt' hinab in seine Kluft
die zwischen Tod und Leben
das grausig Sterben hat gesetzt.

Wie halb gerührt
und halb entsetzt
ging weiter ich
durch stille Nacht
die schwärzer jetzt
als jemals schien.

Und Sommer ward zu Ende.
Wie wollt' ich flieh'n!

Meer

S'wird hell

Im Schein des Mondes
am Rand der Klippen
Sonnenaufgang

Das Meer sieht in der Ferne ruhig zu
Wie ein Geflecht aus ungenützten Landstraßen
Sanft rühren Wellen den Rand
Beruhigend
erholend
Gewissheit

Es wird hell
Es wird Tag
Und der Tag wird vergehen
wie jeder andere vor ihm vergangen ist

Der Mond erscheint heller
leuchtet grellweiß
Licht
um durch unbeleuchtete Straßen zu ziehen
sich vom Schein des Mondes
tragen zu lassen

Der Horizont errötet
durch Grauheit
Wie grob behauener Stein
erscheint die Wasserfläche
statisch fest

S'ist klamm
Die Sterne wollen dem Mond
im Leuchten es gleichtun
nur kleiner
und schaffen's
trotz Anstrengung
nicht
nur Gefunkel
zu klein

In der Ferne schon Wolken
wie Berge
über einer riesigen Pfütze
Brise lässt frösteln
Meer wird sichtbar
einsames Schiff dröhnt durch den Morgen
glitzert fast hell

Wie ein Stern.
Wie in Zellophanpapier gepackt
Bewegt sich der Spiegel
Gewissheit
es wird hell

Das Schiff als Silhouette
Der Kapitän hat die Leuchte
ausgeschaltet
Wolken sind Berge
Phantasiegestalten
Das Schiff steht
Die Meeresstraßen verfließen
Einsam liegt es im See
verirrte Boje

Nur wenige Augenblicke noch
dann räkelt sich der neue Tag aus dem Bett
und muss seine Pflichten ableisten

Das Schiff hat seinen Motor
wieder angeworfen
tuckert zum Festland
Wolken formieren sich zu einem Wald.
Das Schiff steht fast
Nur noch ein Stern
Der Mond stiert weiter

und wieder das Schiff
näher mit blauem Licht
Die Sonne streckt hinter Wolkenbergen
rote Fühler aus dem Meer
Wasserpendel
hin und her
pulsierend leise
kaum hörbar
wie ein Herzschlag

Das Schiff hinterlässt eine Furche im Wasser
Es pflügt das Feld
Motor erstirbt
das blaue Licht
aus

erkennbar
fort
zerrissene Zeichen
an der Oberfläche
die das Schiff
geschnitten hat
Orange
blutrot
Netze eingezogen

Das Schiff dreht
fährt auf mich zu

Bin ein Lebensmüder
am Rande der Klippen
schreibe Abschiedsbrief
und springe

Wer weiß
Vielleicht
stößt ein Unbekannter mich hinab
Rot
Der Fleck wird größer
Blutrot
Bald so weit

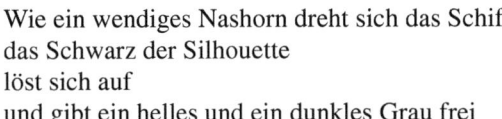

Wie ein wendiges Nashorn dreht sich das Schiff
das Schwarz der Silhouette
löst sich auf
und gibt ein helles und ein dunkles Grau frei

Der Himmel brennt weiter
ein Finger breit über dem Horizont
heute wird nicht nur die Sonne scheinen
Das Schiff wendet sich ab

Die Weite des Meeres
ein Strich
der etwas grauer
und verdickt den Horizont
durchstreift
zu erahnen
was dahinter liegen mag

Inseln
Kontinente

Das Schiff schleicht erneut auf mich zu
Tag gewinnt Kraft
noch ein Schiff
kleiner
weiter weg

Rot verblasst
Wolkentürme
furchige Haut
roséfarbener Schimmer

Eine Möwe kreischt

Das Meer ist ruhig
fast still

Jetzt gehen
Zeit
den Tag zu begrüßen
Lebenwohl

Meereskraft

Unter grauer Decke,
versteckt,
mit Drachenhaut überzogen,
kristallfunken,
liegt das große Netz.

Ein Dinosaurier ist es und älter,
Unsterblich.

Wie weißer Sand verteilt sich Gischt.
Fein versprühter Wassernebel
dringt in die Kleider.

Wellenwucht lässt Herzen
schneller stoßen –
dumpf, laut,
kraftvoll, unbesiegbar.

Schroffe Felsen
lenken Hengstwellen ab.
- So stark kann niemand sein!

Ich stelle mir vor, wie ich in den Fluten
verzweifelt an Land zurück schwimmen will.
Es lässt mich nicht.
Ich ertrinke.
Ein gewaltiger Tod!

Ich bin eine kleine Möwe,
die sich am Himmel
dieses Schauspiel ehrfürchtig ansieht.

Ein strotzender Kraftbolzen ist dieses fluchende
Element!
Unberechenbar.

Ich wage mich nicht zu nahe an seine Reichweite.
Noch will ich nicht verschlungen werden.

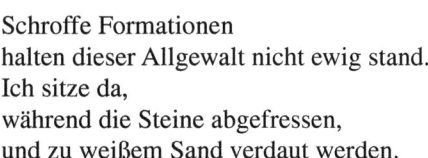

Schroffe Formationen
halten dieser Allgewalt nicht ewig stand.
Ich sitze da,
während die Steine abgefressen,
und zu weißem Sand verdaut werden.

Wut ist weiß
Und nicht rot

Ich will nahe sein;
Herz klopfen spüren,
klettere hinab,
nicht zu weit.
atme schnell und kurz, was ich nicht sollte,
fühle mich befreit.

Gefahr begegnen
Und selbst zu sein
wie das Meer.

Hastig klettere ich hinauf,
wild in den Tag.

Meer so sehr du grün mich sprichst

Meer,
so sehr du grün mich sprichst.
leer dir in Gischt
die Strände.

Sonderbar
begleitet dich –
Wind –
Kind –
zerrinnt
durch Sonnenhände.

Konzertiert
dein Luftgesang
zerstampft
durchbricht die Welle.

Hoch das Wasser,
hoch dem Sand
von fließend
Zauberschelle.

Zerrückt
geflieht das Wasser fort,
kommt rück um rück
Stück weiter.

So Vögel flog
in Mutterschoß
macht mehr
dem Meer das Meer.
Und stob –
weiter, weiter, weiter
aus –
dem endlich
Grenzenschenkenden Faust.

Meertier

Das Meer ist ein Tier.
Es lässt mit sich spielen,
wenn es Lust hat.
Schwimmen, Tauchen, Schiffe tragen.

Wenn es nicht will,
zeigt es sich ungemütlich,
droht,
fletscht die Zähne wie ein Wolf,
beißt zu.

Unechte Meerwelt

Sonnensonne
grell und heiß
gelb-weiß
im Postkartenformat

An's Felsenufer
Spritzt die Flut
Gischtgebrochene
Wellenwand

Strand-liegen
Ruhig
fortleben
beten

Und die Stunden ziehen
am Sonnenseil,
drängen Rotgoldschimmelchen
heim

Wenn nur die Welle nicht am steilsten Punkte
brechen müsste,
bräche sie noch immer fort.

zurückschwimmen

gegen die sonne
schwimmen
salziges nass
weiche wellen
wasser schlucken
pfui!
ausspucken
unterwasser-disco
blendet
wohin?
nicht in die angelschnur
nicht zu dem schiff
nicht dieses pärchen durchtrennen
das wasserball spielt
nur
an den strand
schwimmen
daneben
vorbei
ankommen

Wie fremd

Wie fremd
gehe ich
durch die Sonne
spüre
weichen Sand
zwischen
meinen Zehen
lasse ihn
durch Meerwasser
wieder abwaschen
beobachte
meine Fußspuren
die mit der nächsten Welle
verschwunden sind
und sehe
grelles Licht.
November –
Du Fremder

Meer hat Falten

Wie Falten
einer alten Frau
runzeln sich abendliche Wellen
auf dem Meer.

Geblendet
von weißen Mondstreifen
zieht das große Wasser
zu den Menschen
und wieder zurück
auf offene See.

Durchsiebter Wind
verkündet
Wandel
in einem Unterrock
aus Sand
stimmt das Lied
zerfressenen Leichen an
heult
nach einem neuen
fruchtbringenden Körper
ihn zu besitzen
zu zerstückeln
zu Körnern zu zermantschen
bis er verteilt ist

auf den Stränden
wo sie in der Sonne liegen
in deinem Kopf,
in deinem Darm
in deiner Scham.

Wie sie schlafen
Nichtsahnend
schlafen
glückselig
schlafen
armselig
in den Falten
einer alten Frau
schlafen

Meerabend I

Wellen
treiben schwanger
über scharfe Kanten
ihre Kinder aus

Bögen,
schwergesotten,
überladen,
finden
müd ihr Ziel

Am Horizont brennt sich der Tag zu Ende

Lichtfische,
gleich Sternen
aufblinkend,
flitzen
über das Wasser
und nur
die Mondin küsst
mir einen Weg.

Wenn Muscheln sich auf Steinen überlagern,
zu Felsen immer neu erstarren,
und unzähl'ge Jahr'
mit nassem Schlag
fest in den Wind sich setzen,

dann kreuzt mein Schiff
mit blauem Licht
die See.

Denn groß ist das Meer.

Und blauer wird's,
wenn alle dunkelgrauen Wolken schwinden

nach hinten,
ganz nach hinten
in mein stilles, einsames Haus hinab.

Meerabend II

Massen
quirliger Lichtfische
jagen auf den Wellen.

Ruhige Kraft
schlägt „bschhh" um „bschhh"
an Fels.

Der Horizont
in Ferne
geflossen.

Hell grüßt
der Abendmond.
Auf einen Felsen
starrend.

Steine
überlagern
Jahr um Jahr
Den nassen Schlag;
nie nachgebend.

Meer groß,
Mensch klein

Ein Schiff
allein
im Wasserbild
durchkreuzt
mit blauem Licht
still
die See.

Der Mond
wird stärker,
das Taglicht
dunkel.

Dort im Haus ist innen Licht
Wer mag da sein?

Meerverwandlung

Der Mond
verwandelt
das
Meerwasser
Einen Streifen lang
zu
einem
Halben Spiel
Tausender
Lichtpunkte,
die
wie Fische
nach dem Fressen
zur Oberfläche gieren
und
nicht versinken wollen
in
die
nachtschwarze
Flut.

Liebe ist schön

Straßenleuchten

Immer wenn ich unter Straßenleuchten laufe, geht das Licht aus.
Warum?

Habe ich eine Kraft in mir, durch die der Elektronenstrom verstummt?
Bin ich gar ein Auserwählter und soll dies ein Zeichen sein?
Ich weiß es nicht.

Doch wenn ich über mir
den schwarzen Nachthimmel verstehe,
bin ich klein.
Ein Sternchen nur,
das auf einem Mond sein Ruhebett gefunden,
das getragen
und beschützt
vom großen Bruder
seine Runden
einsam dreht.

Ein Sternchen nur,
das sucht
Und auf der Suche
eines andern Bahn gefunden
Und mit dem andern
Weiter
zweisam
seine Runden dreht.
Denn wenn wir unter Straßenleuchten laufen, geht das Licht aus.
Darum!

Wahre Liebe

So lieb ist sie, so lieb.
Ich glaube, sie vertraut mir.
Und schüttet mir aus ganzem Herzen
Ihr Glück und ihre Schmerzen
aus,
sie fordert mich heraus.
Sie soll nur kriegen, was sie will,
im Stillen
will ich sie beglücken.

Unser Lied

Sang ein Lied.
Rein,
klar,
Liebe zu geben.
Und bekam nicht.

Dann leiser,
und nicht mehr.

Winter
verkarstete.

Frühling trieb
von Mund
zu Mund
einen Ton:

Schönste
vollste
Liebe

von
Dir
zu
mir

und
mir
zu
Dir.

Singen Lieder.
Rein,
klar,
Liebe zu geben.
Und bekommen noch viel mehr.

Blütenbäumin

Weiße,
zarte,
helle
Blütenbäumin
die durch Getöse
leise
weise
ruht

Belachst,
bestrahlst
des Herzens
Wünschelträumen
In leichten Tänzen
die man schweben tut.

Wie duftest du
so gut
Ja –
keine Rose
kommt dir gleich
Von Frühling,
wie er stark
die Welt durchbricht
Von Sonnen-,
warmen,
süßen
Sonnenschein –
ahhh-
Dank dir mein Herz –
dass du
mich lässt
hinein

Käuzchen

Nur ich und du –
und du und ich
allein.
Wir fliegen reg',
wie Käuzchen,
deren Flugesspur
Kometen werden
in schwarze Nachthimmel
hinein.

Und lassen uns
als Abschiedstränen
schweben,
um kalt
an Mondes statt
zu sein.

Und wagen's
hier,
die ewig lauen Sommer
anzuklagen.

Die uns
erdrücken,
kreischend
in die Ohren
prusten
wie ein Orkan,
der außer Wildheit
nichts behält,
als noch den Tod,
den er benutzt,
weil's ihm gefällt.

Damit die Menschen
zitternd um das Ihre beben
und bängelnd
um das Nichts
sich regen.
Um das,
was jeder als das Seine
nennt.

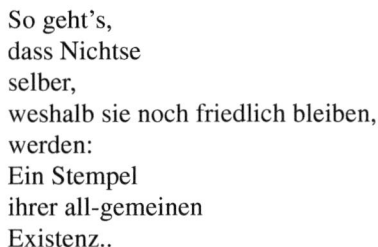

So geht's,
dass Nichtse
selber,
weshalb sie noch friedlich bleiben,
werden:
Ein Stempel
ihrer all-gemeinen
Existenz..

Während Winde
stetig weiter
wehen -
frische Morgenluft –
ziehen
viele Sommer
durch das Land.
fordern
Pfand.

Und zeigen
Käuzchen
hie und dort,
die auch immer dann noch weiter leben.

Dein Bildnis

Traulich wendest du dich mir
Mit sanften Blicken sehnend hin.

Ich will mein Aug
an Dir entzücken:
dass es dein Bildnis ewig kennt,
dass in mir ewig Feuer brennt!

Das dein für gleich und immer mein -
Das Herz, der Leib, mein Alles sei.
Der Zauber jenes Augenblicks,
der jetzt gewonnen –
Nektar gleich
mich dauernd
nährt
und stärkt
und glückt

Für alle Zeit, für alle Stunden.
Und Wunden pflegt und heilt
Und sehnsuchtsvoll in Musestunden
mit zarter Hand gepflückt –
mein Herz beglückt.

Du bist

Du bist mein Wonn', du bist mein Glück!
Geh ich von dir – stirbt ein Stück.
Den Rest schlepp ich,
erkrankt,
um alt zu werden,
jeden Tag und jede Nacht,
bis ich zurückgekehrt an deiner Brust
und du mich angelacht,
und wärmesuchend meine Arme findest,
ich dich küss'
hin zu dem Frühling, der so lieblich in dir ruht
hin zu der Freude, die in meinem Herzen
Knospen zum Erblühen bringen tut
Und singt
du - du – du -
bist halbes Ich und ich bin du.

Berührung

Berühr' mich – über die Ferne,
            über die Häuser, die Wälder, die Sterne!
Dring durch meine Haut in mein Innerstes
            und heil' mich von meinem Schmerz.

Füll' mich sanft mit Wärme auf,
            streich Unrast von mir
Und gib Labsal mir an Deiner Brust.

Berühr' mich – mit Wärme
            über die kalte Weite, die Ferne,
            die Fremde, über die Sterne!
Und:
Lass mich vergehen vor Glück und vor Lust!

Ring unserer Liebe

Ein Arm aus der Unendlichkeit
ohne Ende, ohne Anfang
umfasst diesen besonderen Schatz,
unsere Liebe
geborgen haltend in sich.

Er sorgt sich, hegt, pflegt sie wie ein Kind.
Der Arm hält kraftvoll fest und wird gehalten.
Er gibt sich ganz dem Augenblick,
dem Ziel,
dem Wunsch –
dem Festhalten hin.

Wem gehört dieser Arm?
Ist dieser Arm bereits eins, ein Leib aus zwei
Teilen?

Hell strahlt uns das Silber entgegen und glänzt -
ein Spiegel des Zusammenseins
und des Wissens um das Jetzt,
und der Erinnerung an das Damals
und der Ahnung einer gemeinsamen Zukunft.
Nie wieder wird sein, was war
und nie wieder wird Traum sein..

Funkelnd wie eine schimmernde Welle auf dem
Meer,
von der Sonne beschienen,
blüht uns die bleibende Schönheit dieses Edelsteins
der von der Erde begraben
aus tiefster Grube
zu uns gekommen ist.

Er ist besonders,
besonders wie Du und ich.

Wie kommt es, dass er dem weiten, unendlichen
Meer so ähnlich sieht?
Wie viel mehr als die unbändige Kraft der Gezeiten
bedeutet er uns?
Bedeutet er uns Hoffnung?
Hoffnung, dass in verborgenen Höhlen
ein großer Schatz wohnen kann?
Oder Freiheit?
Freiheit, weil allein er durch Dunkelheit ins Licht
sich brachte
um zwei zu sein
mit seinem silbrig haltendem Arm,
um eins zu sein
mit seinem silbrig gehaltenen Arm- eins - ein Ring.

So soll auch unsere Liebe
einen Augenblick der Ewigkeit -
nur zwei Leben lang bestehen.
Umschlossen und geschützt
im Spiegel dieses,
Deines
silbernen Ringes
mit dem blauen Aquamarin.

Du gehst in mir

Wie jeden Morgen
bin ich aufgewacht.
„Geh an die Arbeit",
hab' ich gedacht.
Als
mich ein Donnerschlag
durchfuhr,
lahm legte,
Mund öffnete.
Seufzer,
stöhnend fast
entwichen,
dunkelrote
Wangen glühten,
Feuersbrünste
wieder wüten,
die nachts im Schoß mir
Blumen sprießen ließen,
mein Gehirn zerbliesen,
bunte Farben streuten,
schrien dies:
Du gehst in mir,
du gehst in mir,
du gehst in mir,
in mir.
Hmm – mir.
Wo bin ich jetzt?
Hier? –
Wieder da?
Leider.

WIR zwei Eichen

WIR sind zwei Eichen,
die zufällig zur gleichen Zeit den gleichen Wald
bewachsen,
und die im Winde sich die Blätter streicheln,
einander suchend Wurzeln reichen,
bis zart umschlingend sie sich finden
und lebenslang verbinden.

WIR sind zwei Eichen,
die wie eine wachsen.
Und blühen, reifen, bis zur Ernte.
Um voller Demut,
Frucht und Schatten auszugeben.
Danach neu Kräfte schöpfend,
still verweilend;
friedvoll - unaufhörlich weiter leben.

Und wenn verirrte Menschen sich und andere
vergessen,
und mehr und immer mehr noch ihnen folgen,
und sich in ihrem Krieg zu Tode messen,
dann stehen WIR –
fest eingewachsen, unbeirrbar-
WIR – noch immer hier.

WIR sind zwei Eichen, die Geschichte rosten,
sich 700 Jahre nicht mehr trennen,
Erst müde aneinander stützen,
wenn wir uns nach Erlösung sehnen,
und alle Kräfte schwinden,
die Borken durch der Jahre Mühen rissig sind
und unsere 700 Eichen-Kinder,
den Grund beerben.
Wenn wir uns einig sind, zu gehen -
im letzten Winter.
Dann werden WIR zwei Eichen, die wie eine
sterben.
Zusammen stürzend, in den Abgrund reißend,
krachend niederschlagen,
ruhend, modernd,
sich ergebend,
auflösend
in den tiefen Grunde legen.

Zwiegespräch zwischen Frau & Mann

Geh weg von mir, ich kann dich nicht mehr sehen!
Warum denn bloß, was ist denn los?
Ich hasse dich, bleib mir vom Leib!

Na – *wegen mir. Du bist …!*

Schweig! Du Dummer – schwirr ab – brauch meine Ruh vor
dir und ...

Mmmh! ... das Letzte ... immer so ... mmmh! ... das Allerletzte

- Ausgangsposition -

Geh weg von mir, ich kann dich nicht mehr sehen!
*Na gut, ich kann dich ja verstehen, dass du ein bisschen sauer
auf mich bist.*
Ein bisschen? Ich bin wütend!
Hab' ich dich geärgert? Ich mich über dich auch. Und deshalb
hab ich das getan, hab dir weh getan.

Es tat weh.
Tut mir leid. Ich bin ein Mensch, und schlag eben mit gleicher
Wucht zurück.

Na, ja. Ein Stück weit hab ich's provoziert.

Warum denn so was?

Ich wollte wieder spüren, dass du mich wahr-
nimmst, registrierst, dass du mich liebst.

Das tu ich doch.

Und zeigst mir's selten. Und sagst es noch viel
seltener.

Entschuldige, hab keine Zeit. Nein! Will dies und
das noch tun. Nein! Bin zu müde. Nein! Es gibt
keine Entschuldigung. Ich ... kann's nicht ... so
einfach.
Verstehe.

- Gebet -

So lasst uns beide täglich neu bemühen, einander
nah zu sein,
einander zugewandt.
Das sprichwörtliches Reichen einer in die andere
Hand.
So ist mit wenig viel erreicht
und schnell und wirkungsvoll
manchmal der schlimmste Streit gebannt.

Buntes Leben

Aus Urlaub

Tröpfchen rinnen aus der Stirn
auf meinen roten Hals.
Heller sengt die Glut die Stadt.
Aus!
Vorbei das Anderssein.
Wieder da und weiter –
altganzen Tag zu Werk gebracht.

Rutschstark rollte meine Kugel
aus der wohlgerat'nen Bahn
Um anders weiter quer zu schießen –
nachher wieder brav zu korrigieren.
Genuss in fernen Landen –
nur als harter Arbeit Lohn;
so sagt man.
Doch treffen will ich man dort nicht,
gehen,
wieder kommen will man schon.

Kurze Stunden rasten los,
hangelnd um die Sonnenuhr
holten Sinne –
extrapur
die Sehenshaftigkeiten
rasch im Lauf
und Kopf fing auf.

Da kam es auch,
dass einmal ich wohl stille stand
Um mir den Augenblick
zu memorieren
Da wandelte ein seltsam` Weh
gerissen mir mein Wohlgelaunt
in Schmerz;
sehnen: heimwärts,
flehen: heimwärts,
schreien: heimwärts gehen!

Seltsam ist nur,
dass mich's `heim
ständig auch nach dorten drängt,
als freie Lüfte ich hier noch veratme,
als mir die Mittel und die Lust geschenkt.
Allein das Unbekannte reizt nur kurz,
grad wie der Anflug einer Liebelei
Und übrig bleibt das Arrangement der Langewartena-
de,
der Traum vom andern Paradeis.

Und wenn ich allsmals
wieder ferne bin,
mein Sehnen
nach der treuen Heimat eingelenkt,
die eifersüchtig
mir den Kuss nachträgt,
den ich der wilden Freundin
zur Begrüßung dort geschenkt.
Vergesse ich mich ganz im Dortensein
und lege meine Grillen
mit der schweren Kleidung ab.
Denn kurz nur
ist der Hochgenuss
der neuen, reifen Frucht.
Lang und schwer
liegt Erde schwer
auf meinem Grab.

Der springende Korb

Sanglos
sprang
der Korb
die Trepp hinab –

es war
ein Springen
leicht
wie Federschwingen.

Und drunten
standen viele,
die es sahen.

Knapp
verfehlte er
die Menge.

Was hat der Korb,
dass er so springt?

Die Antwort weiß
der Wind
allein,
der ihn
auch gerne einmal wieder
die Trepp
hinuntertreibt
und singt
von alter Zeit
in alten Liedern.

Großes Los

Zieh'
ischs
große Los,
bin i bloß
was g'schenkt
mir
worden ischt,
sonst nischt.

Heimfortheim

Von der Erde
gezogen
schreit
ich
Schritt um Schritt
knirschend,
krachend,
raschelnd
mit
warmem Gesicht und
kalten Händen.

Wohin?
Entlaufen
einer Enge,
einem Gezwänge.
Einem leeren Alleinesein.

Wohl
ist der Lauf der Füße,
weh
der Lauf der Dinge.
Ich singe.

Mir tut
sich Wärme auf.
unter dem Mantel
gewinnt
Gemütlichkeit
die Oberhand
und zwängt
das Eisige
in Brust und Herze
fort.

Der Ort?

Schon gleich
zurück,
schon gleich
der erste Blick
auf Häuser,
Kirch und
Heimat.

Jetzt – steh – zurück?
Oder geh?
Den Gang,
der wagt
neu
weh zu tun?

Ruhig Blut,
ruhe
nun.
Nichts
tun!

Voll Schwingen bekraft mich

Voll Schwingen bekraft mich
ein Reißen der Arme
Nach oben,
nach oben.

Es sollte nicht sein.
Doch unten,
da unten
da sitz ich
und lass mich nicht treiben
Von Lug und Trug
und schwerem Wein.

Menschen mit Leben

Mensch mit Leben
bluten
und
tun sie's nicht
werden
ihre
Gesichter
zur
Maske
kalt
und
starr

Da und weg

Bin
gekommen
verschwommen
nehme ich die Welt
wahr
Ich gehe
und sehe
was mir
nahe
gewesen
und wieder
verschlossen
ist

Leider

Leider
bin ich
selten heiter
um gefällig zu sein

hab' zu wenig Schwein
zum Glücklichsein
bin's nicht genug
um so genannt zu werden

besitze keine Pferde
folge niemals einer Herde
auch wenn dort Glück zu finden wäre

gebe ungern
Schornsteinfegern meine Hand

gelte wohl
in bessern Kreisen nonchalant

verstehe genug
um nichts vertiefen zu wollen

werde oft gebeten
nicht weiter gehen zu sollen

bin viel zu sehr
mein eigner Herr

Leider

Ein alter Mann

Ein alter Mann sitzt auf einem Stein,
in eine Quelle blickt er hinein.
Sieht ohne Augenlicht
Sieht - und sieht doch nicht

Eine Stimme wispert
Der du folgen musst
zu verstehen was er flüstert

Warum gibt es Krieg?
Können wir nicht in Frieden leben!
Wann trocknen die Tränen?
Haben Menschen ihre Würde vergeben?

Neben ihm – dann du
Hörst von dem was Menschen über Menschen
ausgesagt,
von der Zerstörung und dem Schmerz
Du hörst nur zu.
Hörst, was er für alle Menschen klagt.

Wie wahr ist wahr?
Denn nichts ist wahr,
bevor man nicht in seine Lügen eingeschaut
Die Wahrheit schreit laut!

Der Alte ist weg
Und du hörst ihn fern rufen:
Finde den Weg!
Und Wind bläst durch den Wald und singt:
Bald! Bald! Bald!

Mein Lied

Als es war ein Leben – mein Leben
bin ausgezogen ich
zu singen ein herrliches Lied.

Ein Lied voll Reinheit,
voller Schönheit.

Dann ließ ich wohl
die Stimme mir verbieten
und sang nur noch ganz leise.
Ich sang so leise,
dass selbst ich
mich nicht mehr hören konnte.

Mein Lied verklang
und übrig blieb
der Schmerz.

Fortan wollte ich nie wieder Lieder hören.
Ich konnte dieses schreckliche Gejammer nicht
ertragen,
weshalb ich auch das Singen ganz in meiner Ge-
genwart verbot.
So gingen Jahr um Jahr vorbei und ich vergaß.

Bis eines Tages,
wohl aus Zufall -
ich es neu
versuchen wollte,
einmal nur
dies eine,
mein Lied
zu singen.

Und als ich anfing einen Ton aus meinem Mund zu
locken,
brach die Stimme und nur ein Krächzen kam
heraus.

Nie mehr,
so schwor ich,
will ich es versuchen.
Ich kann es nicht
und werd es
niemals können!

Ist mein Lied eben kein Lied!

Braves Pferd

Ein braves Pferd,
das schlechtgenährt
an seinen Kräften zehrt,
ist wert,
dass man es ehrt,
wenn's eine Kreuzung überquert,
und die Kutsche zieht, in der man fährt.

Auch wenn es bockt und sich zuweilen wehrt
Und - was es möchte, das bleibt ungeklärt.
Ist das Pferd
trotzdem nicht verkehrt

Reif

Nun bin ich`s reif,
je als zuvor
dem Will des Augenblicks zu folgen.
Denn meine Schwingen recken sich hoch auf,
ein
in die weiten, tiefen Wolken,

die lauernd ich betrachtet
und gewartet
und bewacht,
und jetzt –

da mir der Rauhreif Kund' gebracht
vom Niedergang des roten Herzens,
von seinem letzten hohlen Schrei
und auch vom besten Sonnenschein in seinem
letzten Winkel,
jetzt ist's vorbei.

Mühselig war das Schämmern,
und das sel`ge Dämmern durch die viele Zeit,
durch Abschiedstränen flüchtger Bilder Seligkeit.

Bis wir dies Scherflein Wohlsein fanden
und gierig aufgriffen mit tölper Hand
und sicherten uns eines nach dem anderen
in unseren Sammelbeutel

dergestalt,

dass unsere Tränen Messies fanden
und mit ihnen durch vollgestopfte Häuser wander-
ten,
bis aus dem Krempel Abfall ward,
der in Container eingestopft
sein Abschiedsschauspiel
traurig
ohne Ende gab.

Fußballdeutschland

Wir feiern, was wir einen Sieg nennen,
obwohl es nicht unser Spiel war.
Wir nennen uns ein Land,
obwohl nur der Sport uns eint.
Wir jubeln, wenn wir gewinnen,
obwohl wir beim Zusitzen nichts als Zeit verlieren.
Wir sind stolz auf unsere Leistung,
obwohl wir nichts getan haben.
Wir erbeben beim Anblick der triumphierenden
Masse,
obwohl unsere Identität in ihr untergeht.
Wir fühlen uns als die Gesellschaft,
obwohl wir „ich" sein wollen.
Wir fühlen uns überlegen,
obwohl wir nicht kämpfen.
Wir sind das,
was „ich" nie sein kann.

Gesprochenes Wort

Gesprochenes Wort kann Frieden stiften
Oder Todesurteil sprechen.
Gesprochenes Wort kann Streit beenden
Oder Krieg entfachen.
Gesprochenes Wort kann Zweisamkeit schaffen
Oder Stimmung zerstören.
Gesprochenes Wort kann Wärme schenken
Oder Verachtung, Empörung.
Gesprochenes Wort kann auf Suche gehen
Oder Menschen verschreien
Gesprochenes Wort kann etwas erklären
Oder verschleiern
Gesprochenes Wort reißt Gedanken mit
Und schenkt sie
dem
der
sie
hören
will

Raus

Lähmende Arbeit
machte mich krank.
Hab mich an nichtssagenden Gesichtern
satt gesehen.
War im System mittendrin,
stand nie am Rand.
Ich weiß jetzt nur eines –
so darf's nicht weitergehen.

Einmal die Freiheit spüren,
Sehnsüchte stillen,
die Wolken berühren,
starken Willen.
fühl mich frei,
flieg wie ein Vogel zur Sonne hinauf.
Ich weiß, ich kann alles,
doch jetzt lasst mich raus, lasst mich raus, einfach raus.

Ich spür' ein Verlangen
nach der Ferne,
will hinaus!
Träume Tag und Nacht
von meiner Insel.
Schau den Himmel und die Wolken nach,
Flugzeuge steigen auf.
Spür,
mein Herz fliegt mit ihnen wie ein Kind, wie ein Kind.

Und wenn ich gestern
so mutig gewesen wär,
wär ich heute
schon irgendwo,
wo dann keiner
mein Gesicht kennt –
im Land von Nirgendwo.

Ich weiß, ich kann es,
hab's endlich geschafft,
ich bin raus, ich bin raus, wirklich raus!
Will nach Haus ...

Wie geht die leise flehende Faust

Wie geht
die leise flehende Faust
zu Boden,
krampft,
geleert.

Vom Druck
zu rotem Fleisch
gebährd
schwach
hinterm Rücken zugespitzt –
gewehrt.

Doch nur nichts
regte sich –
still –
wie der Wille will.

Im Kessel
kocht dagegen Buntes,
da brodelt's,
bruzelt's,
siedet heiß
in lauten Blasen
blubbert's unter
dem tonnenschweren Deckel
reich.
Wart' nur,
wart' nur –
bis –
bis es gleich

zerstößt
in Vulkanos Manier
in brühendheißem Sud
voll Gier
den Koch
mit in die Suppe reißt

Ich Schwein

Ganz und gar verlogen – so ist die Welt
Es ist so, dass mir Schlechtheit wirklich nicht
gefällt.
Drum will ich gut und besser sein -
Also - bin ich - ein Schwein.

Ja, bist du jetzt gar überrascht?
Aha, so hab ich's mir erhofft und gedacht.
Nichts besser als die Welt
in der ich mich so durchgequält –
bin ich – allein – zum Schein
mit allem in und aus der Welt
und rundherum - ein Schwein.

„Du armes Ding, du kannst ja nichts dafür
du bist ja nur ein dummes Tier"
Ich Dieb – so schlau stehl' ich mir freie Bahn
Und keiner hält mich Schweinchen an.

Gequält hab ich so viele Leut'
dass ich nicht mehr sie zählen mag
ich hab's vergessen, ist mir gleich
an Täuschungen bin ich so reich.

Auch bin ich nicht allein.
Ein jeder, der mit mir sich hier
umgibt oder mich gar innig „liebt"
ist auch so eins wie ich und gibt
mir und der Welt, was sie verdient
gleich wem's gefällt –

Ob Lieb', ob Hass ihm in den Poren liegt
Aus seiner Haut kann niemand raus
Und deshalb ist ein Schwein ja auch
dem Mensch' in Haut und Schweiß fast gleich.

Wie reich - an Freiheit dieses Tier doch ist.
Beim Schwein wird Anstand nicht vermisst
und treiben darf's es wild und bunt
es nimmt sich's raus und kreischt sich wund.

Als letztes gibt es ganz und gar
mit Haut und Haar
sein Leben grausam für ein anderes hin.

Der Sinn?
Des edlen Menschen Kot
das war mal ich – jetzt bin ich tot.

Nur ein kleines Licht

Keine Glauben mehr –
alles hoffnungslos.
Die Musik in meinem Kopf
kommt nie mehr zurück.

Ich hab's endlich aufgegeben,
meinen Traum zu leben.
Die Wirklichkeit hat mich erreicht,
im Lauf der Jahre,
Stück für Stück.

Nie mehr kann ich voll Glück,
wie früher,
über Wiesen jagen.
Es schickt sich nicht,
„du bist erwachsen",
„langsam gehen".
Ich hab schon früh gewusst,
dass ich was ganz Besonderes bin.
Die Flausen aus dem Kopf gejagt,
hab' ich gelernt,
wie IHR zu sehen.

Ich bin ja nur ein kleines Licht
Und taug' zu größerem auch nicht.
Versuch' mich gar nicht anzustrengen,
ich werd's niemals zu etwas bringen.

„Glaubst du denn, was vor dir schon ganz andere
versucht haben, gelingt dir?"
„Von uns versteht dich keiner hier,
du hast's doch gut, was willst du mehr?"

Vielleicht habt ihr ja Recht,
IHR müsst's ja wissen.
Der Sinn des Lebens ist,
das Leben zu genießen.
Denn alle Mühe, die man sich gibt,
wird sowieso nicht belohnt.
Doch wofür hat sich dann mein Leben
gelohnt?

Ich weiß nicht,
ob ich euch alles glauben soll
Und euer Leben
auch das Richtige ist.
Vielleicht habt ihr
ja früher auch geträumt?
Von etwas Großem,
unerreichbar fern.
Dann haben SIE
mit diesem Unfug
aufgeräumt
Und euch zwangsbekehrt?

Neuartig

Neuartig
erregt
wählte ich die Flucht nach vorn.
Ein paar Begleiter
standen mir zur Seite.
Feurig
erstürmte ich den alten Gipfel
dieses karsten Berges,
während
tausende Flammen
aus dem tiefgehöhlten schwarzen Raum
mir
mit Peitschenhieben
und keifenden Mündern
entgegenzüngelten.
Das Wagnis
dieses tollkühnen Marsches
entsprang einer trostgefühlten Öde,
die mich erst wieder
beim Anblick des Massives beutelte
und nicht mehr Klosterkammer sein wollte,
sondern Raum um Raum.
Ich will,
so zögerte ich,
nicht klein sein,
sondern ganz.
Und dann die Angst
mir auf die Fahne schreiben
Um wie ein Fackelläufer
weit im Himmel Mut mir zu entzünden.
Und dann zurück im Erdenreich,
den Götterfunken lang mir zu erhalten.
Hoffend,
dass die Glut
niemals verglimmt.

Erträumet

Es hat mich erträumet
ein silberner Stern
Im Nachthimmel
säumet er Wehe
von fern.
Gedrücket –
befreit er die Augen
vom Nass
So seh ich –
gefährlich
Wild donnernd
begehrlich
In stürzender Hast
Unaufhörlich
Das Sein
in Schmerzen
sich suhlend –
Verschlingend
mich fast.

Eingesperrt

Wenn ich nicht will, muss ich tun
was ich darf.

Wenn ich darf, will ich sein wie ich will,
was ich nicht kann.

Wenn ich kann, will ich wollen,
was ich nicht muss.

Wenn ich muss, will ich nicht sein,
was ich bin.

Wenn ich bin, will ich sein dürfen
was ich träume.

Wenn ich träume, will ich können müssen,
was ich nicht darf.

Wenn ich darf, will ich sein,
wie ich will.

Bin

Bin geboren in die Welt
Ganz allein, ganz allein.
Bin geworden durch die Welt
Ganz allein, ganz allein.
Bin gegangen aus der Welt
Ganz allein, ganz allein.
Bin ein Trauerfeld für alle Welt.

Seeleneis

Tage
schimmern regengrau
dahin
Kein Ruhen,
kein Tun,
kein Sinn.
Vorbei
die warme Haut
im Sonnenlicht.
Kein Beer',
kein Nuss,
kein Lachen
mehr.
Zum Abschied
bricht die Erde auf.
Lauf
die warm,
geh' – auf!
Begrüß'
die neue schwere Frucht,
die kalte,
fremde,
die dich sucht
Und wie du merkst –
auch findet.
Bescheiden
wirst du
dir bewusst,
nichts bleibt
für immer
schön.
Ertrag
geduldig
Schmerz und Not,
die Reise
ist begrenzt.
Bis rot
die Morgensonne
Frühling scheint
Und stürmisch
Seeleneis
aufweint.

Leben

Leben
umsonst
gelebt
nichts denken
nichts fühlen
Nicht hören
wenn
eine Stimme
spricht
gelenkt
durch
leben
einfach
den geraden Bach
hinunter
geflossen

Ohne
Kraft
hilflos
wie ein Baby
ruhig
zappelnd
Mama
sagt
du sollst
ruhig sein

Ohne Einsatz
kein Gewinn
kein Verlust

Wo doch schon
alles
verloren ist
festgeklammert
am alten
System

Unfähig
loszulassen
ängstlich
in der Masse
verschwindend
alles
in deiner Hand

Die Welt
dreht sich
nur
weil du
sie drehst
erlebst
weil du
lebest

Niemand sieht
so wie du
verwirrt
suchst du ein Zuhause

Niemand kann
helfen
wer kennt dein Zuhause

Kinder

Da und weg

Ich bin
gekommen
verschwommen
nehme
ich
die Welt
wahr

Ich gehe
sehe
was
mir
nah
gewesen
und
wieder
verschlossen
ist

Das erste Lied

Vöglein, Vöglein
sing dein Lied
am Morgen
wann das Äuglein sieht
kein Fürchtemann
od Geisterspiel

Hüpf auf den Zweig
umstreich
vom Wind
dein Flaumgefieder
weich
zu kühl

Flieg zu mir
weißt
ich wärme dich
sing
will
Mutter dir
und
Nestlein sein

Vöglein, Vöglein
noch so klein

Pflegekind

Verschickter Gast,
flieg nur herein
auf Deinem Regenbogen,
der dich aus dem Orkan gezogen,
abrupt und kalt, in Sturmeswogen
Dein Bündlein heute zu mir führt.

Mein Haus ist Dein,
mein Herz nur klein,
kann niemals Dir die Mutter sein.
Dafür bin ich Dir Schirm und Schild,
schenk mehr als man Dir je gegeben.
Und Du bringst als ein Sturmeskind
Zum Dank dafür den Regen.

Doch jeder Tropfen den Du gießt,
ist zartes Glas,
gebrochen fast,
vom wütenden Vulkan,
der Dir die Beine nahm.
Und der Dich hin und her geschmissen,
kein Mensch sollt's wissen.

Du einzig kleines Federkind,
zerzaust vom Wind.
Schließ deine Augen jetzt
Und such Dir Deinen Weg.
Nimm mit von diesem Ort, was Dir gefällt,
du bist ja doch alleine auf der Welt.

Pflück bitte für die lange Reise
ein Stück von meinem Herzen ab,
das gleich zu Anbeginn
und später noch viel drängender
ich für Dich geben will und gab.

Kameleltern

Wir sind zwei Kamele
in der Sahara,
die träge,
geduldig
Hoppsassa,
kreischendes
Schreien,
bitterlich'
Weinen -
ertragen

bis auch sie
Wasser und Futter erhalten,
verwalten sie
ihre
Kinder,
die Kamele werden wollen.
Ob sie das auch sollen?

Mutter und Tochter

Du hast mir wieder meine Grenzen aufgezeigt.
Jetzt liegst du schlafend im Bett, einem Engel gleich,
flößt mir unendlich viel Liebe ein,
lässt mich spüren, wie sehr du mein Leben erhellst.

Erschreckend, wie schnell du mich in Rage bringst.
Wie du gekonnt meine Gelassenheit durchdringst,
meine erzieherischen Maßnahmen geschickt unterläufst,
denn du funktionierst nun mal nicht nach Plan.

Dich zu lenken ist unglaublich schwer.
Dich zu dirigieren unmöglich.
Wie oft stöhne ich angesichts meiner Ohnmacht,
wie oft schreist du laut ob deiner Ohnmacht.
Wir ringen miteinander um Macht und um Liebe,
reiben uns, streicheln uns, hassen uns.

Und manches Mal überrascht uns die Leichtigkeit,
mit der wir uns ansehen und verstehen uns.
Wir sind ein Team und bis in den Tod füreinander da:
Mutter und Tochter – für immer verbunden –
Unsichtbar aber spürbar und vor allem untrennbar.

Ich möchte dich beschützen vor allen Unbillen,
dich am liebsten noch einmal ganz in mich aufnehmen,
dich umhüllen mit meinem Leib und meiner Liebe.
Und doch ist meine wichtigste Aufgabe dich loszulassen,
dir Flügel zu verleihen
und irgendwann werde ich dich fortfliegen sehen
mit schwerem Herzen und leeren Händen.

Also versuch ich die Momente der Nähe zu genießen,
halte dich zärtlich und küsse dich beim Kuscheln.
Doch wenig später höre ich mich schimpfen und fühle
Zorn.

Ab und zu halte ich inne,
wenn du mir die Welt, Gott und den Tod erklärst.
Dann frage ich mich, wer von wem lernt.

Wenn ich dich ansehe,
könnte ich vor Stolz platzen,
vor Zorn beben,
vor Liebe vergehen.
Schlafend im Bett, einem Engel gleich,
schleicht sich Dein Liebreiz mir zu.
Lässt mich vergessen – was war heut noch gleich?
Nicht wichtig,
vergessen,
find Ruh.

Herbst

Herbsterleben

Herbst, du Alterchen!
Du bunter, lumpener Gesell!
Verspielt und trunken bist du –
schnell
Verlässt du uns –
zu schnell.
Wenn rot und gelb
erstrahlen deine Fühler
Sanft – Erglühen sie vor grauem Wolkenschein –
dann -
erlachst du mir das Auge nieder,
bis dass ich spüre
frieren Mark und Bein.
So gut tut mir der großen Sonne Wärme
Dass ich mich sehne
nach vergangener Tage –
Wie Blütendüfte
durch die Lüfte jagten
Und ich das Abenteuer wagte,
Neu zu beginnen,
neu ganz allein –
allein
Auf mich gestellt zu sein!
Jetzt ist die Reise
lang begonnen –
Wird künftig bitterkalt es werden.
Der Mantel muss jetzt dicke sein –
Ach! Feiern muss gefeiert sein
Mein Alterchen – Beschwerden?
Die nutzen niemandem
So dann –
Stoß mit mir an –
auf Leben, Freund!
Auf Leben!

Jetzt da die Felder umgepflüget

Jetzt,
da die Felder umgepflüget
kommt in Schwärmen ihr
und holt euch,
was das Herz begehrt.

Und übrig
lasst ihr nur die Hülsen
teuren Korns.
Ein Teufel euch
die Mühen Bauersarbeit schert.

Was dennoch
mich so unglaubwürdig
zärtlich
stimmt
ist euer Singen
zauberhafter Melodie.

Aus weiter Ferne
durch Jahrhunderte
erklingt
ein Sehnen,
Brennen
hin zu dem geheimen Ort,
da gutes Menschentum
in Reichtum
sich ergießt,
im – Paradies,
wo Mensch und Tier
einander Freunde sind
und Milch und Honig
fließt.

Schweigt lieber jetzt,
ihr Vöglein,
es tut mir zu weh.

Ade! Traumliebchen!
Pfeift -
ade!

Langsam wird es wieder kühle

Langsam
wird es wieder
kühle
Traurigkeit
zieht hin.
Ich
fühle –
mich so sonderbar –
so todesnah –
so wie
als - hätte ich geschlafen
und - wäre plötzlich aufgewacht.
Und alles Werk
sei nun
vollbracht?!

Zeit

Jetzt und später

Im Jetzt
liegt
verborgen,
was
ich nicht
sah.
Später
erschließt
sich
der Sinn.

Federn fliegen

Eingeschlossen in dem Quader,
ganz aus Glas –
da ist ein Raum.
Seine Größe ist ersichtlich
eingeengt vom Gläserzaun.
Ohne dass ich in ihn gehe,
wie die Luft so schwer er wiegt,
rieche ich das fade Düftchen,
schmecke Lauheit ungerügt.

Federn fliegen flaumig drinnen
mit Musik - auf ab, auf ab.
Windesstöße – wie von Sinnen
werfen hoch sie, nüü und rüü,
bis sie sich beruhiget haben –
schwebend gleiten durch die Süü,
fallen ab sie, ganz geruhsam,
und sie fallen stetig weiter
bis zum Ende – händezahm.
wie heiter!

Weiter, weiter!
Geht doch nicht! Das war es schon!
Sekunden?
In dem Raum, der meiner war und ist
und ist und war,
ein Schwebeflug –
verschwunden.

Genommen – Gekommen

Ein Augenblick ist mir genommen,
der mich getragen lange Zeit.
Der gut und billig, wohlgesonnen
sich um mich trieb
wohl breit und weit.
Er war so fest entschlossen nicht zu gehen,
dass ich ihm möglichst helfen musste.
So dass ich Übermaß ihm gab
und warf ihm hin
in vollem Braus,
die ganze Beute, bis er überdrüssig schien
und fliehen rannte in die Nacht hinaus.
Wo ich ihn morgens fand
und sah ihn liegen –
kalt und leer.
Und ließ ihm allen Raum den er verließ.
Und war so schwer.

Ein Augenblick ist jetzt gekommen
und aus der Asche glühend steigt
und seine weiten Schwingen streckt
mit Goldgefieder, stolzem Mut,
weit über abgegraste Täler:
Der Phönix
der nun nicht mehr schweigt.
Der Traum
den Nacht nicht mehr versteckt.
Und nicht mehr ruht und nicht mehr flieht.
Und sucht nach neuen, reichen Gründen.
Wie es ihm sehnte Stund um Stünden
Als Knecht der trägen, lauen Zeit.
Als Wand'rer dem es dürstete
Und der nach langem Marsch die reiche Quell`
entdeckt
Die vor ihm immer schon in munt´rem Sprudeln
floss.
Und sich ihm ganz als Selbstverständlichkeit
Im Trug der wirrer Zeit verschloss.

Ein Augenblick ist mir genommen,
ein Augenblick ist jetzt gekommen.

Sie zieht und zieht

Sie zieht und zieht –
die Zeit
und sitzt –
wie Vögel vor dem großen Flug
auf einem Baum.

Und schreit
vor Ungeduld so laut,
dass sie erzwingt
des jeden Ohrs
in Land und Raum.

Wie Schmerzensschrei,
so gellt ihr Rufen
ohne fort
und wird nicht müde
tausend Stimmen
stark zu sein.

Bis dann –
ein Laut,
ein einzig ausgesprochnes Wort
sich leise,
unbemerkt
wie angeschlichen
und vorbeigesehnt
fort, fort, fort
in ihrem Munde küsst

Und Tode
bleibt
und lebt
und bebt
und weiter lebt

Zeiteisen

Tick tack, tick tack reist der Klang
Des Zeigerschlags mit Hall
und voller Angst
macht mich das Sterben unserer Zeit,
die düster mich umkleidet jetzt und nimmermehr –
bereit,
ein mehr zu geben als gefordert scheint.
Ein intensiveres Erleben eben jenes Augenblicks,
der jetzt schon wieder war
als grad ein neuerer versunken ist
und mir gestreift eins Herzens Schlag.

Wie seltsam mag mich rühren - dies ein` Atom der Ewigkeit.
Wie eine bunte Wundertüte oder ein Kaleidoskop vielleicht,
das kindlich vor mir sehnend, lockend liegt,
mich anstarrt: nimm mich, kauf mich, klau mich - schreit
und wient,
dass Zittern mich durchdringt
wie wohlgestrenges Rütteln eines Engels innes meines fühlens
Leibs.
Der mich in Ketten hat gelegt und nimmer mir die Freiheit gibt.

Und hernach ist - Verflossenheit,
die leid und schwer mich ahnen lässt, dass Lebens Odem
mich bei jedem mühesamen Schritt verlässt,
um neu zu gründen, was mich einst erbaut,
neu zu gebähren, was im Tod mir grausig schaut.

Das eben kleinverlebte Leben.
Das kleine meinverlebte Leben.

Tick tack, tick tack reist der Klang
Des Zeigerschlags mit Hall, mit Ha, mit H, mit , mi, m, !

Liebe ist traurig

Der Leiermann

Ich gehe jetzt!
Weiß nicht wohin...
Der Augenblick ist recht (und schlecht!).
Doch wer weiß schon, wohin er geht
wenn „ungerecht"
er wagt die andern stehen zu lassen?

Warum?
So fragst Du mich – will ich jetzt fliehen?
Warum? Warum? -
Ja ja, ich dacht' mir's schon,
dass Du mich nicht verstehst;
dass Dein Weg dich auf kleine Pfädchen führt
und jetzt mich endlich trennt von Dir
so wie ich mich ganz heimlich
lang schon gott-sei-dank
getrennt von Dir.
Es war längst alles vorbereitet. - -
Der Abschied wird ein kurzer sein.

Und doch... -
spür' ich ein' Schmerz
wie einen schweren Klumpen
fest in der Brust mir sitzen,
der mich erkalten lässt
und nicht erlaubt zu Dir zu schwingen
und mich leidlich aus-zuklingen.
Was will ich's?
 Mein Schmerz –
ein Scherz,
ein Schulterklopfen,
vielleicht noch ein Grimassegrinsen.
Ein windig fliehendes Relikt aus bessren Tagen
wo Leben ich noch leben spürte,
ein alter Filz,
jetzt lästig gar und störend.

Dann fragst Du mich,
wie's jetzt wohl weiter geht?
Ich sage Dir
was ich geplant,
wie schön in Zukunft alles wird.
Ich sage Dir,
dass alles immer besser wird
und heller
und klarer
und voller
und ich gewinne
und gewinne.
Und Du?
Glaubst mir, willst glauben, wünscht mir Glück!
Sogar zwei Stückchen Freude seh' ich jetzt
so neben Deiner wohlgespielten Traurigkeit
für einen Flügelschlag kurz vor mir –
ein – aus – hin – vorbei - huschen.
Wie vorbei!
Vorbei! -
Das ist es! –
Wird's doch niemals sein.
Nun eben ja...
Die viel zu grellen Bilder aus vergang'nen Tagen
bewahr ich schließlich doch noch auf.
Vielleicht –
zuviel Sentimentalität,
vielleicht –
ein letzter Halt???
Sie wollen mir wohl –
wie ein Stückchen –
Wärm- äh „Wohlgefühle" –
spenden,
wenn mich zu Zeiten doch ein wenig friert
dort wo ich bin
dann schließlich,
endlich. - - -

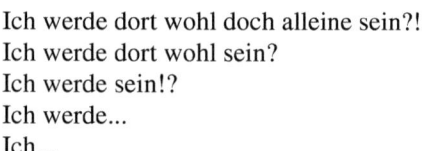

Ich werde dort wohl doch alleine sein?!
Ich werde dort wohl sein?
Ich werde sein!?
Ich werde...
Ich...

Und jetzt fragst Du,
wie's weiter geht?
Wohin soll ich wohl gehen ohne Dich?
Was machst Du, wenn ich...?

Was geht's mich an!
Hab' ich doch endlich nichts mit Euch zu schaffen
mehr!
Geht jetzt
und ich kann's endlich auch!
Geht!
Geht jetzt!
Jetzt!!!

Aus deinem Mund

Aus deinem Mund
hör' ich das Lied der Vögel klingen –
In deinem Herzen
seh' ich schwarze Nacht.
Und so frag' ich mich
in gewissem Widersinnen:
„Vöglein,
warum zwitscherst du?"
Und dies:
„Wer hat die Nacht in dir
so schwarz gemacht?"

Sie ging

Nebeltröpfchen schweben in der Luft,
starre Blätter fallen nass herab.
Mit jedem Schritt zerberstet Laub
Unter den harten Sohlen.
Stumm blühte die im Sommer,
die sich danun dem Herbst ergab.

Sie kam zu mir und küsste mich.
als sei sie eine einzige Verschwendung.
Ich ging des Wegs und striff beschämt an ihr vor-
bei.
Nur einen Blick noch wagte ich ihr zuzusenden.
Ein Lächeln war das Letzte, was ich von ihr nahm,
dann war sie nimmermehr an diesem Ort, so oft ich
kam.

Von ihren Lippen sah ich Honig tropfen,
in ihren Augen schlief ein klarer See.
Die Hände rührten Daunenkissen,
die Füße schwebten leicht wie eine Fee.

Ruhiger gehen jetzt die Leute
An diesen Gärten hinterm Haus vorbei.
Am Platz, da sie den Boden rührte,
am Zaun, da sie sich lehnte,
am Gräslein, sie sich bückte,
und dann so blass,
so schwach,
so krank,
so lang
ach, nimmer Blümchen pflückte.

Weiß du wohl noch, wie schön sie war,
die Sternin
überm Himmelszelt?
Was kann ich sie nicht sehen, egal wie weh mir ist?
Was bin ich traurig, weiß es nicht?
Ist es ihr Bild, das ich festhielt
und jetzt für immer, immer wohl verlier'?

Nun sitz ich hier am Flügelhain

Nun sitz ich hier am Flügelhain,
dort wallen große Blätter;
als sei ihnen der Wind zu kalt,
zu streng das Maienwetter.

Und war's –
einmal vor langer Zeit
wo Grün und grün uns Lieder sangen
von wunderbarer Zärtlichkeit,
mir spiegelnd Sonnenschein
durchbrach die Brust.

Und wieder –
flispernd weht der Wind so fein
Wie damals,
als du -
ewig mein,
geschworen hast
mich einzulassen in dein Reich.
Wo keine Seele der Natur
den Widerklang
wehmüt'ger fand -
als das gebrochne Herz
in deiner leeren Hand.

Dort drüben
liegt im ew'gen Grün
die Stund' für immer
tief begraben.
da du mir angetraut uns
Liebesglück
und jetzo
nimmer ich den bundnen Strick
von dir
zu freien mag.

Der Lindenbaum

Wie wildes duftes Wiesenkräuterlein
sollst du mir sein,
klein' Liedchen das ich mir bewahrt.
Und doch –
von harter Hülle
zeugt mein Mienenstarr,
das nicht verlässt den sicheren Halt
der kalt dir scheint
und keine Regung offenbart.

Und reichst du beide Hände
helfend lieb und brav mir hin
und lässt dich dabei lustig sehen,
so gehn
die meinen Schranken zu
und fest umklammert sind des Armesschranken
die nicht wanken
vor dem Leib,
dem Unterleib
in regungsvoller Ruh.

Ein Nachklang nur,
ein schmerzensvoller
zwingt drücken mich noch fester zu.
Oh Ruh!
Wo bist du hingegangen
als alle sich im Taumeswankel der einen ganz
ergaben nur;
der großen, einen Fantasie
vom Frühling wie er treibt und rauscht
und wie er hie gepackt das Volk
so Mann und Weib
und jagt von Sinnen
ein in die Welt des Federjucken Kleid,
ein in des Quolles übervolles Stromen weit?

Es war ein prächtges Glimmen,
das als ein Leuchtbild
in die Herzen drang.
Was ich noch immer treuer als die andren
und auch innerer berge,
macht mich zuzeiten doch nicht wenig bang.
Als wollt es im Verdauungsgang
mich schlingen gar
im lechzden Maulesfang.

So trotz noch immer ich
und lang
werd trotzen ich
der Schlangenbrut
die mich umzüngelt
mit des Frühlings Glut.

Wenn nur dies eine Lied nicht wär!
Wenn nur dies eine Lied nicht wär!

Kaum

Kaum dass ich's greife, fällt es los.
Kaum dass ich's spüre, flieht es.
Kaum dass ich's höre ist's verklungen,
kaum dass ich's sehe, zieht es.
Kaum dass es mir den Atem nimmt,
löst sich's in einem Seufzer
Kaum dass die Zung' im Mund es bitter schmeckt:
Der eine Satz, der alles verändert:

Sie!
hat mich!
verlassen!

Und bleibt - - - - - -
Nichts!
Und bleibt - - - - - -
nichts?

Abschied

Als ich ging

Als ich ging
hörte ich die Schritte meiner Schuhe auf dem
Boden.
Ich hörte Kiesbett wie es sanft knirschend unter
dem Druck meines Körpers nachgab.
Ich hörte Straße wie sie mir laut klackend Wider-
stand gab.
Ich hörte ein letztes Mal die Türe zuschlagen.

Als ich ging
spürte ich die Hände vieler Menschen an meiner
Hand.
Ich spürte die sanfte Berührung eines Freundes.
Ich spürte den harten Druck eines Jemands.
Ich spürte die Wärme meines Herzens überströmen.

Als ich ging
sah ich das trübe Licht das mich im Haus empfing.
Ich sah den Gang der lange Zeit auch mir gehörte.
Ich sah die Dinge an und merkte mir den Platz,
damit ich ihn nicht vergesse.
Ich sah den leeren Stuhl auf dem ein anderer saß.

Als ich ging
schmeckte ich das Wasser aus meinem Glas.
Ich schmeckte Brot wie stets zur gleichen Zeit.
Ich schmeckte Rauch der nie mir schmecken
mochte.
Ich schmeckte Kuchen der mich besiegelt.

Als ich ging
roch ich bewusst den letzten Tag in einem Zug.
Ich roch das Haus das mich so freudig stets begrüß-
te
Ich roch den Duft der zwei drei Menschen die mir
wichtig sind.
Ich roch die eine Luft die weiter mich nach drau-
ßen drängt.

Ade

Wieder ein Gehen
steht an.
Wieder die Wehmut
in mir.
Die, die ich traf,
trafen mich.
Morgen:
Verlassen ist hier.

Stimmen
bewegen
den Raum
Freude
bewegt
ein Gesicht

Schnell
wie ein Traum
flog Zusammensein
fort
Und als Letzter –
gehe ich.

Was sie hatten,
das hat sie
jetzt wieder.
Was ich hatte,
das hab' ich
nicht mehr.
Was mir bleibt,
das sind
unsere Lieder.
Ich bin traurig –
vermisse sie sehr.

Einsamkeit

U-Bahn

Da will ich hin:
Wo man mich ansieht,
mir einen Namen gibt
und ich ein Freund sein kann.

Und weinen will ich,
wenn ich traurig bin,
und Füße legen,
wenn sie müde sind

Und vergessen -
während ich mich
dränge,
rempele,
schneller bin,
als mein Nachbar stinkt,
während schreiende
Leere auf die Kacheln schreit,
verlorene Wortfetzen
sich prostituieren.

Da:
unter einer Straße
auf Beton,
neondurchleuchtet,
gehetzt und - verjagt.

Da will ich hin:
Wo man mich ansieht,
mir einen Namen gibt
und ich ein Freund sein kann.

Traurig Spiel

„Fühl' traurig dich, wenn jemand stirbt"
heißt Gottes Spiel, das gerne zeigt,
wie Menschen voller „Mitgefühl"
für andere
nur „Traurigkeit"
erschaffen,
um sich Anteilnahme
einzustehlen.

Und fünf-sechs Tränen
vor dem großen Publikum
„unscheinbar" schwach verhehlen,
damit ihnen die Rücksichtnahme lohnend winkt,
und auch der letzte Gaffer
vor so viel Pieta auf die Knie sinkt.

Und tatsächlich ein Mitleiden entgegenbringt,
so dass des Blenders einsam' Herz
verwöhnt in menschenwarmes Bad sich dreht,
sanft einsinkt, tröstlich untergeht.
Und dieses kostet, bis es ihm verdaut,
dass keine Ängste mehr in ihm gestaut,
er einrafft sein Exilium,
ungreifbar für die böse Welt,
ein „Leiden" im Delirium.

Ja, dieses Menschenwarm soll siegen.
Jedoch die Kosten sind zu hoch.
Soll jeder nur das Seine kriegen.
Ein anderer holt sich's selber noch.

Die Traurigkeit ist Menschen Spiel,
um eines Menschen Herz zu brechen.
Wer diese zeigt, erreicht sehr viel,
vor allem aber Gottes Lächeln.

Einsamer

Ein kurzes Spiel
des was-weiß-ich.
Dahin es ist -
und Nacht.

Die Sonne
hat sich péu a péu
schnell
aus dem Staub gemacht.

Und übrig
bleibt ein schales Wehen
Um Herz
und Bauch
und Haut.

Ein traurig-schauerliches
Sehnen
nach Wärme,
Lauheit,
Kitzgefühl,
erfroren.
auf Bildern
in Träumen geschaut
ersehnt,
geraubt,
verloren.

Winter

Nikolaus

Die Straßen sind vom Nachtlicht kühl erhellt.
Ein dumpfer Laut schallt fort –
gequält
schleppt mühsam Schritt um Schritt –
ein alter Mann mit lohem Haar
sich einsam
durch die Gassen.

Wo will er hin?
Was hat er vor?
Man kann es nur erahnen.

Trägt er da nicht sein Hab und Gut
so schwer auf seinen Schultern?
Gebeugt von all' der Last der Jahre,
von schweren Stunden, tiefen Wunden –
geht
trotzdem er beharrlich fort.

Wohin?
Was sucht er hier an diesem Ort?

Kein Mensch lässt einen solchen Kauz
mit Schrumpeln im Gesicht –
mit langem, ungepflegtem Bart,
mit harter Miene, ollem Mantel und `ner Steilmütz'
in sein Haus.

Soll er doch lieber draußen gehen!

Die Kinder – ja!
Die können ihn wohl sehen
und ihm zwei Liedchen singen
für die Nacht
und einmal aus dem Fenster spitzen;
fröhlich lachen.
Dann wird er ihnen -
aus Gefälligkeit
und weil er sonst nichts kann
und hat -
Geschenke machen.

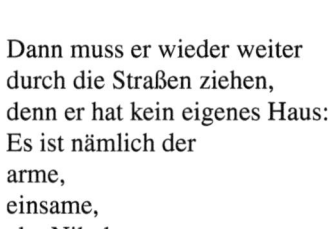

Dann muss er wieder weiter
durch die Straßen ziehen,
denn er hat kein eigenes Haus:
Es ist nämlich der
arme,
einsame,
alte Nikolaus.

Erste Wintertage

Welke Blätter
benutzter Tage
streifen
nasskalte Straße
Reif auf Ziegeln
Grelllichter bei Nacht
Tage
des Lasters
vorbeigebracht
Zu später Morgen
zu frühes Dunkel
Das Eine
und Andere
nicht erreicht
Zu spät
für Träume
Zu früh
zum Begraben
verpuppen
einspinnen
warten
auf Zeit

Lichtermeer

Lichtermeer –
wunderschöner Weihnachtsbaum.
Du bist mir ein Trost in der Nacht,
denn ich bin allein.

Weihnachtsduft,
der lockend durch die Lüfte ruft.
Du machst mir mein Herz so schwer –
will es doch nicht sein.

War ein Kind vor langer Zeit,
das mit goldenen Kinderaugen
Seine Wünsche dem lieben Christuskind
in den Himmel voll Freuden sandte.

Glockenklang –
der immer weiter in mir schwang.
Du singst mir von anderen Menschen,
die Welt ist ja so weit.

Lichtermeer –
wunderschöner Weihnachtsbaum.
Alle Leute in diesem Raum –
dürfen glücklich sein.

Nochwinter

Die Kraft,
die in der Wurzel
tief im Winterschlafe
liegt,
erwacht
nur durch ein Zeichen.

Dies Zeichen heißt
Erinnerung –
zurück an Urgefühle,
an leben,
lieben,
siegen.

Da schießt durch morsche Adern Saft,
der alles Welke blühend macht,
bis dass zurück
in neuem Kleid
der alte Korpus
frisch und frei
sich liebend hergibt um zu sein –
das „ich" im „wir" im Leben sein –

Bis dann ein Zeichen
ruft zu sterben.
Dann
kriecht die Kraft
zurück ins Nest,
wo's weich und warm,
gemütlich ist
Und
schläft
um zu vergessen.

Natur erleben

Esel um den Mühlenstein

Ein Esel
zieht
sein Leben
rund um einen Mühlenstein.
Und mahlt Johannisbrotkerne
zu Mehl.
Und Mehl
brauchen die Menschen.

Doch der Esel
sieht nichts,
denn seine Augen
wurden ihm verdeckt.

Ab und zu
bekommt er
einen Korb Heu
vor's Maul gehängt.

Zum Fressen
und zum Saufen.
Fressen,
saufen,
laufen,
ein kleiner Kreis.

Sein Leben dreht sich
um den Mühlenstein.
Und käme einer
und bände ihn los,
was sollte er dann tun?

Wohin soll ein Esel gehen,
dessen Leben
sich um einen Mühlstein dreht?

Der Esel
bleibt
stehen.

Treu
seiner Mühle,
treu
seinem Strick,
der ihn erneut
bindet,
damit er
seinen Gang
weiter
gehen kann.

Wenn Wolken

Wenn Wolken schwarz sind,
wird Gewitter.
Dann
wieder hell
dann
wieder schön
wenn Wolken ziehen
dann
wieder gehen
Wenn Wolken schwarz sind,
wird Gewitter.

Ruhebelauscht

Zwitschernde Vögel
Launischer Wind
Blaugraue Wolken über mir
sind
Fragende Worte
Brise bewegt
Wolkendurchbrochene Wärme
pflegt
Knackende Glieder
suchen die Ruh
Brennende Lider
Haustüre zu
Außen ist draußen
Schuhe verlegt
Buch mitgenommen
Fliege Nerven sägt
Nacken geschmerzt
Sich erleichtert
Gelegt
Nicht wieder bewegt.

Seltener Schmetterling

Seltener Schmetterling
Pfirsichduft
lockt ihn
flattert ein zweiter hinzu
erregt
auf und nieder
jagen beide
zitternd
einen Kreis
Die Sommertage
schwächer
Schmetterlinge sitzen
ruhig auf faulendem Obst
saugen Saft.

Alter

Alt und Neu

Neu soll das Jahr sein?
Neu?
Was ist denn das – neu?

Und was ist – wenn das, was jetzt neu ist – was ist
dann alt?
Ist Alt ein Augenblick?
Jetzt?
Oder ist das Jetzt zu neu um alt zu sein?

All das, was ich jetzt erlebe,
ist alt?
Alt? Weil es in ein paar Stunden
alt sein wird.
Und dann?
Wird das Neue sterben und alt werden?
Oder wird das Neue übergangslos zum Alten?
Oder ist das Alte so lange alt,
unendlich lange alt,
dass es gar nicht neu sein kann,
weil es immer schon alt war?

Wird es vielleicht dann neu,
wenn es im Rückblick, in der Erinnerung neu war?
In dem Augenblick, da es in den Sinn fällt –
Von woher auch immer –
Ist dann das Alte erneut - neu geworden?

Und das Neue?
Wie lange bleibt es neu?
Einen Tag? Eine Woche? Einen Monat? Ein Jahr?
Muss es dann nicht unbedingt auch alt werden?
Und wenn es alt wird, ist es dann nicht auch ver-
dammt dazu, zu sterben?
Zu Sterben, wie jedes Ding, das sich bewegt und
Leben in sich fühlt, einmal stirbt, nachdem es so alt
geworden ist, dass es zu alt ist?

Oder liegt das Neue alleine in der Zukunft?
Die Hoffnung?
Die Wiedergeburt?
Ungreifbar und deshalb Un-begreifbar
Und deshalb neu und
Abschied von allem Alten,
Hoffnungsreiches Freuen auf das Neue?

Wann ist der richtige Zeitpunkt, sich vom Alten zu
verabschieden?
Wann ist das Alte alt genug dafür,
nicht mehr wichtig genug zu sein,
dass man ihm so wenig Beachtung schenkt, dass es
klammheimlich verschwindet?
Auf Datum?
An einem Tag?

Voller Kelch

Den Wein schenk ein
in den Kelch, den vollen!
lustigen Mutes – heißspornigen Blutes.
Bis über er läuft –

Wer säuft?
Erst ich! Dann der Rest
Oh herrliches Fest –
pochen tut's ...
in Schläfen und Herz,
Mark und Gebein.

Den Wein schenk ein
in den Kelch, den vollen
schenk ein, schenk ein, schenk ein!

Gut tut es zu trinken, zu sinken
hinab
oder tiefer noch –
ins irdene Grab.

Und wieder leer.

Frei von Qual und Plag
und Schmerz und Schwere.
Schweben über Hain und Flur.
Süßes Nichtstun,
Wärme nur.

So trägt mich der Odem der Ewigkeit
weit – weit – weit – weit – weit –weit.

Den Wein schenk schnell
in den Kelch, den leeren
bis über er läuft,
mir die Träume zersäuft
die einsamen, bitteren.

Schnell –
sonst wird' ich zittern!

Kurz vor Ende

Es schwinden und schwinden
so weh
Die Fünklein
der Nachtsternenfee
Die prahlend strahlend versprachen
Mir meine Wege
hell zu machen.

Wie schwarz
ist da plötzlich die Nacht
Wie laut es im Waldgehölz kracht.
Ein Frieren
geht durch die Haut
Oh hätt' ich ein Feuer geschaut!
Wie warm
und wohlig
wär mir gewesen
Wie schnell
wär mein Mut genesen.
Dann wär ich wohl
weiter
gewandert

Doch halt!
Ich bin da –
Bald

Tod

Eine Regennacht

Nässe beißt sich
durch den langen schweren Mantel.
Der ihn trägt, gebückt,
sucht einsam Nacht.
Die da waren sind ihm fortgegangen
die da freundlich lachten –
weg.

Doch er hat gehört –
er hört es immerfort
Kann in seinem Kopfe –
kann im Stillen selbst
die
Adlerschreie
hören!

Die beißend sich in Hirne bohren,
ihn
suchen,
der schon lang verloren
und hoffnungslos
dem Tod entgegentrollt.
In langmutigem Schritt –
doch etwas zu beschwingt

Vielleicht –
weil ihm der Regen eine Weise singt?

Nachtgesang

Wieder gleitet mir die Nacht
in einen neuen Tag hinüber
Wieder les` ich Bücher,
höre deutsche Lieder.

Was so unmerklich und sanft vonstatten geht
und doch erschreckt,
ist mein Bewusstsein,
dass ich schlummernd sterbe
und nur lebe
wenn mich Nacht erweckt.

Sollte ich wohl schlafen,
um die Ewigkeit nicht anzurühren?
Und ist es nicht
so leicht und schön,
verführt von Morpheus
und gewiegt in seinem starkem Arm zu liegen
und dies und jenes ringsherum
vergessen machen,
frei
durch die Unterwelten quer zu fliegen,
wo alles möglich ist
und nichts ein nötig Muss?
Ein süßer Tod
in eines Heute Leben.

Wiewohl ich mich versündige,
wenn just
ich aufbegehre
da ich sterben soll
und diesen Morgen
mir zum Heute zwinge?

Mit seidnen Sängen
mir die Unterwelt versüße
Und bei Nacht
dies Liedchen singe?
Weinend
will ich's tun
und den Naturen
trotzen.

Silvia

Silvia bringt jeden Morgen
ihr Kind in den Kindergarten.
Und mittags
holt sie's wieder stumm,
mit einem Lächeln ab.

Sie hält sich niemals länger auf als nötig,
denn dann,
wenn sie alleine ist,
geht sie an's Grab
und spricht mit Ihm
über alle Sorgen,
die das Leben danach noch weiter
an sie vergab.

Ihr Sohn soll nichts spüren
von ihrem großen Schmerz,
den sein Tod
ihr hinterließ.

Glücklich soll er sein,
mit anderen Kindern spielen
Und nicht die Tränen sehen,
die seine Mutter Silvia,
am Grab gelehnt,
vergießt,
um Ihm
ganz nah zu sein.

So sehnt sie sich,
noch näher
bei Ihm
sein zu können.

So nah,
dass es gefährlich wird.
Dann blickt sie stier vom Grabe auf,
dreht schnell den Kopf und will davon-
rennen, was sie rennen kann und fliehen
und fliegen nach dem tiefen Wasser hin.
Bis sie eintaucht in seine Schwärze.
Nicht, nichts mehr spürt – ertrinkt –
Da sinkt ihr Kopf.

Sie weint erneut –
die letzten Tränen.
Und wieder
holt Silvia stumm
ihr Kind
mit einem zehren Lächeln ab.

Rückblick

Mir brennen die Augen,
sind müde vom Sehen.
Mein Kopf wirbelt Kreise,
es starrt das Geschehen.

Von Unrast geschunden,
durch Alter gebunden,
bewein' ich die Blümlein,
die einzeln mir sprossen.
Auf wildem Gelände,
gesetzt durch zwei Hände,
doch nie mehr mit Liebe
gepflegt und gegossen.

Da steht mir ein Nässlein
der Aug' im Gesicht,
die Tropfen am Herz'
sind verkrustet.
Und Jahre vergingen,
ich merkt' es nur nicht,
im Schlafe ward wohl ich verkostet.

Doch halfen drei Wächter,
die ewigen Mächte,
der Glaube –
von allem das Schlechte.
Die Liebe -
die Weiche,
die Hoffnung -
die Reiche,
die blieben und bleiben,
wenn Schatten entsonnt.

Und schreiben
den Woll' des Verbleichenden,
verwandeln
den Armen zum Reichen
in Todesstund' –
wenn sie kommt.

Nur ein Tag

Und hättest
du nur
einen Tag
zu leben,
wie wertlos
schien dir Schlaf und
auszuruhen.

Sogleich
fingst du wohl an,
dich
zu bewegen,
um nächstens
eilig
dies und das
zu tun.

Und wäre
auch ein
einzig Wunsch
dir offen,
so flehtest
um
Erfüllung du.

Und könntest
du nur
einen Tag
noch hoffen,
dich ließ
die Hoffnung
keinen Augenblick
in Ruh.

Sterben will

Da ich nicht mehr leben will,
möchte ich
sterben.

Da ich sterben will,
möchte ich
so sterben, wie ich will,
dann sterben, wann ich will,
dort sterben, wo ich will.

Da ich sterben will,
möchte ich,
dass ihr
respektiert, was ich will,
versteht, warum ich es will,
akzeptiert, dass ich eure Schuldgefühle nicht will,
spürt, dass ich euch liebe,
begreift, dass ich so weit bin.

Da ich sterben will,
möchte ich
alleine sein,
Schmerzen suchen,
Ruhe finden,
mich von mir erlösen.

Da ich sterben will,
sterbe ich!

Inhalt

Liebe ist schön

Buntes Leben

Kinder

Herbst

Zeit

Liebe ist traurig

Abschied

Einsamkeit

Winter

Natur erleben

Alter

Tod

© 2009 Andreas B. Arnold
Texte und Umschlagfoto: Andreas B. Arnold (www.arnold-therapie.de)
Illustration und Layout: Anja Susan Jung (www.bilderseele.de)
Herstellung und Verlag: Books on Demand GmbH, Norderstedt

ISBN 9-783-83707-7-933

Bibliografische Information der Deutschen Nationalbibliothek
Die Deutsche Nationalbibliothek verzeichnet diese Publikation
in der Deutschen Nationalbibliografie; detaillierte bibliografi-
sche Daten sind im Internet über http://dnb.d-nb.de abrufbar.